MOMO

Michael Ende

Die Seitenangaben in diesem Lehrerheft beziehen sich auf folgende Taschenbuchausgabe:
Michael Ende: ***Momo oder Die seltsame Geschichte von den Zeit-Dieben und von dem Kind, das den Menschen die gestohlene Zeit zurückbrachte***
Thienemann Verlag, 304 Seiten
ISBN 978-3-522-20210-7
Bestell-Nr. tbMomo

Lehrerheft

Dr. Gesine Heddrich
Vera Sens

Krapp & Gutknecht

Inhaltsverzeichnis

Dieses Lehrerheft bezieht sich auf:

Dr. Gesine Heddrich,
Vera Sens

Lesebegleiter
Momo

36 S.
Krapp & Gutknecht Verlag
ISBN 978-3-96323-173-5
Bestell-Nr. S2173

Ergänzend erhältlich

DVD
Momo

100 Min.
Studiocanal
Regie: Johannes Schaaf
Bestell-Nr. DVDMOMO

Hörspiel
Momo

ca. 155 Min.
Universal Music GmbH,
Thienemann Verlag
ISBN: 978-3-8291-1979-5
Bestell-Nr. HörMOMO

Hinweise zum Aufbau und Vorgehen des Lesebegleiters

„Es gibt ein großes und doch ganz alltägliches Geheimnis. Alle Menschen haben daran teil, jeder kennt es, aber die wenigsten denken je darüber nach. Die meisten Leute nehmen es einfach so hin und wundern sich kein bisschen darüber. Dieses Geheimnis ist die Zeit." (S. 63)

Sehr geehrte Lehrkraft,

der Lesebegleiter orientiert sich am Aufbau und den Hauptthemen des Romans. Als Einstieg nimmt er zunächst den Autor in den Blick. Anschließend begleitet er die Schülerinnen und Schüler bei ihrer Lektüre. Für jeden Teil gibt es spezifische Aufgaben, die unterschiedliche Aspekte fokussieren. Beispielsweise sollen die Leserinnen und Leser die Romanfiguren charakterisieren, sich mit den Themen Freundschaft, Gesellschaft und Zeit auseinandersetzen und stets den persönlichen Bezug zu ihrer eigenen Wirklichkeit herstellen. Der letzte Teil lässt die Schülerinnen und Schüler abschließend eine Metaperspektive einnehmen. Er dient als Rückblick und beschäftigt sich beispielsweise mit dem Beziehungsgeflecht der Figuren und der allgemeinen Textgattung sowie mit dem Aufbau des Werkes.

Insgesamt wurde bei der Erstellung des Heftes darauf Wert gelegt, dass die Aufgaben die Schülerinnen und Schüler beim Interpretieren und Analysieren von *Momo* begleiten und sie dazu anstoßen, einen persönlichen Bezug zu der Geschichte zu finden. Einzelne Arbeitsaufträge ermöglichen es zudem immer wieder, das Schreiben von verschiedenen Texttypen wie beispielsweise eines Gedichtes oder eines inneren Monologs zu üben. Andere Aufgaben fördern die Kreativität oder die soziale Kompetenz.

Die unterschiedlichen Aufgabentypen sind im Lesebegleiter jeweils mit Symbolen gekennzeichnet.

Analyse **Kreatives** **Schreibarbeit**

Recherche **Szenisches Spiel** **Partnerarbeit**

Gruppenarbeit

Wir wünschen Ihnen und Ihrer Lerngruppe ein spannendes Lese-Erlebnis.

Gesine Heddrich *Vera Sens*

Kommentierte Inhaltsangabe

Kurzübersicht und aktueller Bezug

Der Märchen-Roman *Momo* oder auch *Die seltsame Geschichte von den Zeit-Dieben und von dem Kind, das den Menschen die gestohlene Zeit zurückbrachte*, wurde bereits 1979 veröffentlicht. Schon damals wurde das Werk als sehr gesellschaftskritisch eingestuft und auch heute noch hinterfragt es Themen, die brandaktuell sind. Diese haben sich nun im 21. Jahrhundert vielleicht sogar noch verschärft.

Die Geschichte beschäftigt sich mit der Zeit bzw. vielmehr mit der Zeitnot. Das Leben ist aktuell sehr vom ökonomischen Wachstum, kapitalistisch orientierten Strukturen und durch das Wertsystem Geld (Fakten und Zahlen) geprägt. Die Tage der Menschen sind oft stressig, die Terminkalender sind voll und der Alltag ist hektisch. Oft herrscht das Streben nach Nützlichkeit, Funktionalität und Perfektion. Gleichzeitig entwickeln sich Industrie und Technologie rasant, sodass die Frage aufkommt: Wie viel Menschlichkeit steckt noch im System? Was für einen Wert haben Zwischenmenschlichkeit und Freundschaft noch? Es wirkt fast so, als hätte Michael Ende die Zuspitzung der Situation vorhergesehen, denn genau diese Aspekte kritisierte er bereits Ende der 70er Jahre. Seine Kritik verpackte er in seiner Fantasiegeschichte *Momo*. In Form eines „Märchens" machte er auf die (möglichen) negativen Entwicklungen in der Gesellschaft aufmerksam und ließ ein kleines Mädchen die Menschheit vor dem Untergang bzw. dem Zeitsparen retten. Dabei baute er in seine Geschichte sehr intensiv wahrnehmbare, realistische Hintergründe ein und bestückte sie mit zahlreichen Symbolen und bildhafter Sprache. So wirkt das Werk wie ein Appell Michael Endes an die Menschheit, in dem er dazu auffordert, das eigene Tun zu überdenken.

Inhaltsangabe

Erster Teil: Momo und ihre Freunde

Das kleine (Waisen-)Mädchen Momo taucht wie aus dem Nichts in der Ruine eines Amphitheaters am Rand einer großen Stadt auf. Sie besitzt nichts als ihre geflickte Kleidung. Mit ihren etwa zehn bis zwölf Jahren verkörpert sie auf eine besondere Weise Reinheit, Wahrhaftigkeit, Wärme und Mitmenschlichkeit. Dabei ist ihre besondere Gabe das Zuhören. In der Ruine lebt sie ganz nach ihren eigenen Regeln. Nachdem die einfachen, nicht sehr reichen, aber glücklichen Menschen aus der Umgebung Momo im Amphitheater entdeckt haben, wird sie freundlich in deren Kreis aufgenommen.

Gemeinsam richten sie Momo in der Ruine ein kleines Zimmer ein und kümmern sich gemeinschaftlich um sie. Die Menschen halten sich gern in Momos Nähe auf. Allein durch das Zuhören hilft Momo den Menschen um sich herum. So wird z. B. ein Streit aus der Welt geschafft, die Fantasie und Spiellust der Kinder angeregt und vieles mehr. Momo geht auf jeden individuell ein, erkennt die Bedürfnisse der anderen und handelt nach dem Prinzip des Altruismus. Ihr größtes Geschenk dabei ist die Zeit. Da sie sich von nichts einschränken lässt und nicht die herkömmlichen Pflichten kennt, denen die Bewohner der Vorstadt tagtäglich nachgehen, hat sie viel bewusste Zeit. Eine besondere Freundschaft knüpft das kleine Mädchen zu Beppo, dem Straßenkehrer, und Gigi, dem Fremdenführer und Geschichtenerzähler.

Die freundschaftliche Verbundenheit aller löst sich jedoch in dem Moment auf, in dem die „grauen Herren" Schatten über die Stadt werfen. Sie erscheinen zunächst kaum merklich und verhalten sich sehr unauffällig. Mit der Zeit werden sie jedoch immer zahlreicher. Stets mit einer kleinen grauen Zigarre im Mund geht von ihnen eine Eiseskälte aus. Die erste Begegnung mit den grauen Herren hinterlässt bei Momo ein sehr ungutes Gefühl.

Zweiter Teil: Die grauen Herren

Als Agenten der Zeit-Spar-Kasse haben sich die grauen Herren nun in der ganzen Stadt ausgebreitet. Sie tun alles dafür, die Menschen der Stadt für ihre Zwecke zu gewinnen und überzeugen viele davon, vermeintlich nutzlose Tätigkeiten aus ihrem Leben zu streichen. So werden diese zu Zeit-Sparern, die sich weder Pausen noch Vergnügen gönnen. Sie verzichten auf Freundschaft, Besuche, Gespräche, Spiele, Musik und einfach Menschsein. Stattdessen hetzen sie durch den Alltag und haben nicht einmal mehr Zeit, darüber nachzudenken, wozu sie eigentlich die Zeit sparen und worin der Ertrag bestehen soll. Im Gegenzug dafür werden sie immer reicher und erfolgreicher. Momo merkt diese Veränderung immer deutlicher. Sie sieht, dass ihre Freunde immer unglücklicher werden und wird selbst einsam.

Auch die Kinder der Stadt leiden unter der Veränderung, da niemand mehr Zeit für sie hat. Momo bemüht sich, ihre Freunde dazu zu bewegen, sich wieder für die wichtigen Dinge im Leben Zeit zu nehmen und wird so zum erklärten Feind der grauen Herren. Mit einem raffinierten Spielzeug versuchen die Herren der Zeit-Spar-Kasse, sie zunächst zu erpressen, jedoch lässt sich Momo nicht darauf ein. Stattdessen erzählt sie Beppo, Gigi und den Kindern von den Zeit-Dieben und organisiert eine große Versammlung, bei der die Menschen der Stadt über das böse Tun der grauen Herren informiert werden sollen. Momo stellt nun für die Zeit-Spar-Kasse eine noch größere Gefahr dar. Deswegen soll sie gefangen genommen werden und wird von den grauen Herren gejagt. Das kleine Mädchen kann ihnen jedoch entkommen.
Momo möchte die negative Veränderung des Lebens in der Stadt aufhalten. Mithilfe der Schildkröte Kassiopeia gelangt sie in die Welt von Meister Hora. Als Verwalter und Wächter der Zeit lebt er in seinem Nirgend-Haus in der Niemals-Gasse am Rande der Zeit. Meister Hora erklärt Momo, dass die grauen Herren eine Art Macht sind, von der sich die Menschen beeinflussen lassen. Um das kleine Mädchen zu prüfen, stellt er ihr ein Rätsel, das sie löst. Anschließend führt er sie zu den Stunden-Blumen und Momo taucht so in eine ganz wundersame Welt ein. Umgeben von fantastischen Klängen und Eindrücken ist sie in dem Moment völlig mit dem Universum verbunden. Später erfährt sie, dass sie einen Blick in ihr eigenes Herz werfen durfte. Doch während sie bei ihren Stunden-Blumen ist, vergeht die Zeit. Die grauen Herren machen sich daran, während Momos Abwesenheit ihre alten Freunde noch mehr von ihr zu entfremden, sodass sie nach ihrer Rückkehr vollkommen allein ist.

Dritter Teil: Die Stunden-Blumen

Momo kehrt nach einem Jahr aus dem Reich von Meister Hora zurück und findet sich im alten Amphitheater wieder. Inzwischen haben die grauen Herren die ganze Stadt unter Kontrolle. Momos Freund Gigi ist ein gefeierter Medienstar, Beppo wird eingeredet, dass er nur durch Schweigen und Arbeiten seiner kleinen Freundin helfen kann und fegt pausenlos die Straßen. Die Kinder der Stadt wurden in Depots untergebracht und lernen dort „Nützliches fürs Leben".

Momo findet keinen Zugang mehr zu ihren Freunden und fühlt sich einsam und verzweifelt. Die grauen Herren bieten ihr in dieser Situation erneut einen Handel an: Damit ihre Freunde von den grauen Herren verschont werden und Momo sie so zurückgewinnt, soll das kleine Mädchen ihnen den Weg zu Meister Hora zeigen. So würden die grauen Herren schließlich vollständig die Kontrolle über die Lebenszeit der Menschen gewinnen. Doch auch diesmal lehnt Momo den Handel ab. Wieder macht sich das kleine Mädchen mit der Unterstützung von Kassiopeia auf den Weg zum Nirgend-Haus. Doch dieses Mal wird sie heimlich von den grauen Herren verfolgt. Mit dem Rauch ihrer Zigarren hüllen diese das Reich des Meisters in eine undurchdringliche graue Nebelwand. Durch diesen Qualm kann Meister Hora keine Lebenszeit mehr zu den Menschen schicken. Momo ist nun die Einzige, die den Menschen ihre Zeit wieder zurückgeben und sie so retten kann. Dazu hält der Meister alle Zeit der Welt für eine Stunde an und schenkt ihr eine Stunden-Blume, mit der sie sich fortbewegen kann, wenn alles sonst stillsteht. In dieser Stunde muss Momo den Ort finden, an dem die grauen Herren die Stunden-Blumen aus den Herzen der Menschen aufbewahren. Gemeinsam mit Kassiopeia macht sie sich auf den Weg.

Da es aufgrund der angehaltenen Zeit keinen Nachschub der Stunden-Blumen mehr gibt, bricht bei den grauen Herren Panik aus. Das Rauchen der trockenen Stunden-Blumen-Blätter hält sie am Leben. Sie eilen zu ihrem Lager und streiten sich um die letzten Reste der Zigarren. Nur wenige graue Herren bleiben nach dem Gefecht übrig. Momo folgt ihnen. Sie findet ihr Lager und verschließt die Tür. So können die grauen Herren keine Zigarren mehr aus den Stunden-Blumen drehen und lösen sich bald vollständig in Luft auf. Wie ein Sturm fliegen die Stunden-Blumen anschließend über die Stadt hinweg. Als Lebenszeit suchen sie ihren Weg zurück zu den Herzen der Menschen. So finden die Städter wieder zu ihrem alten Ich und in ihr altes Leben zurück. Momo hat die Menschlichkeit, Wärme und vor allem Zeit in die Welt zurückgebracht.

Lösungsvorschläge zum Lesebegleiter

S. 4

Erste Begegnung mit dem Buch

Der Autor

➲ **Aufgabe**

a) Recherchefragen

Wo finde ich Informationen zum Autor?
Internet (z. B. Homepage Michael Ende: http://michaelende.de/), Bibliothek

Welche Suchmaschinen gibt es im Internet?
z. B. Google, Ecosia, Yahoo, etc.

Welche Stichworte gebe ich in die Suchmaschine ein?
z. B. Momo; Michael Ende Leben; Michael Ende Werke, etc.

Welche Internetseiten sind interessant und aufschlussreich?
Individuelle Lösung

Steckbrief (Beispiel)

Name: *Michael Ende*

Geburtstag: *12. November 1929*

Geburtsort: *Garmisch-Partenkirchen*

Familie: *Sohn des Malers Edgar Ende aus Hamburg und der Preziosenhändlerin Luise Bartholomä aus dem Saarland*

Wichtigste Werke:
Jim Knopf; Jim Knopf und Lukas der Lokomotivführer; Jim Knopf und die Wilde 13; Momo; Die unendliche Geschichte; Der satanarchäolügenialkohöllische Wunschpunsch

Besondere Ereignisse seines Lebens: *z. B.*

- *NS-Zeit: In den 1930er-Jahren wurden Edgar Endes Werke von der NS-Reichskulturkammer als entartete Kunst eingestuft.*
- *Besuch einer Schauspielschule*

Besonderheiten des Autors:
z. B. hat sich sehr über die Verfilmung von „Die unendliche Geschichte“ geärgert; hat zahlreiche Literaturpreise (Jugendbuchpreis, Japanischer Buchpreis, Poetentaler, etc.) gewonnen

Ein besonders schönes Zitat von Michael Ende:
Individuelle Lösung

b) Zeitstrahl

2020:
Jim Knopf und die Wilde 13 (Film)

2018:
Jim Knopf und Lukas der Lokomotivführer (Film)

2003:
Momo (Zeichentrickserie)

2000:
Der Wunschpunsch (Zeichentrickserie)

1999:
Jim Knopf (Zeichentrickserie)

1994:
Die unendliche Geschichte 3 (Film)

1990:
Die unendliche Geschichte 2 (Film)

1989:
Der satanarchäolügenialkohöllische Wunschpunsch

1986:
Momo (Film)

1985:
Der Goggolori (Oper)

1984:
Die unendliche Geschichte (Film)

1982:
Fantasie/Kultur/Politik (Buchpublikation über politische Gesprächsrunden)

1979:
Die unendliche Geschichte

1976:
Das Gauklermärchen (Theaterstück)

1976:
Jim Knopf und Lukas der Lokomotivführer (Augsburger Puppenkiste, in Farbe)

1972:
Momo

1962:
Jim Knopf und die Wilde 13

1962:
Jim Knopf und die Wilde 13 (Augsburger Puppenkiste)

1961:
Jim Knopf und Lukas der Lokomotivführer (Augsburger Puppenkiste, schwarzweiß)

1960:
Jim Knopf und Lukas der Lokomotivführer

S. 7

Momo – das Buch

➲ Aufgabe

Informationen zum Buch

Titel:

Momo

Autor:

Michael Ende

Erscheinungsjahr, -ort und Verlag:

1973, Stuttgart, Thienemann-Esslinger-Verlag

Textgattung:

Märchen-Roman

Teile des Werkes (Seitenangaben in Klammern):

1. *Momo und ihre Freunde* (S. 5–60)
2. *Die grauen Herren* (S. 61–186)
3. *Die Stunden-Blumen* (S. 187–300)

Hast du schon eine Vermutung, um was es in dem Buch gehen könnte? Schreibe deine Ideen in eigenen Worten hier auf:

Individuelle Lösung

In den Roman eintauchen

Erster Teil: Momo und ihre Freunde

Charaktere im Buch

S. 8

Aufgabe 1

a) Zeichnung von Momo und den grauen Herren

Individuelle Lösung

b) Stichwortartiges Aussehen von Momo und den grauen Herren

Aussehen der grauen Herren	Aussehen von Momo
• aschgraue Gesichter • messerdünnes Lächeln • tonloses Kichern • aschgraue Stimmen • sind Nummern (haben keine Namen) • Vergleich mit Blutegeln, da sie die Menschen aussaugen • graue Anzüge • rauchen aschfarbene Zigarren (die gestohlene Zeit der Menschen in Form von getrockneten Blumen) • verbreiten eisige Kälte • runde, steife, graue Hüte • bleigraue Aktentaschen • gekleidet in spinnwebfarbenes Grau • elegante graue Autos • kleine Notizbüchlein • (lösen sich in grauen Rauch auf)	• klein und mager • wilder, pechschwarzer Lockenkopf • struppig • große, schwarze Augen • schwarze Füße (barfuß) • Rock aus bunten Flicken • alte, zu weite Männerjacke • kann weder lesen noch rechnen noch zählen

c) Vergleich der Darstellung der grauen Herren mit der von Momo

Darstellung der grauen Herren	Darstellung von Momo
farblos	farbig
geordnet	ungeordnet
elegant	wild
gebildet	ungebildet
gleich	anders

Momo wirkt lebendiger und freier, die grauen Herren haben ihr System, sind akkurat (Notizbücher) und wirken wie Maschinen (ohne eigenen Charakter).

Aufgabe 2

Charakterisierung von Beppo Straßenkehrer (Aussehen, Eigenschaften, Verhalten)	**Philosophie von Beppo** (Was ist ihm wichtig?)
• gebückte Haltung • klein • weiße Haare • großer Kopf, schräg gehalten • Brille • langsam, bedächtig • nachdenklich, ernst • pflichtbewusst, verantwortungsbewusst • wahrheitsliebend, ehrlich • arbeitet gern und gründlich • „nicht ganz richtig im Kopf" – so die Leute	• mag keine Lügen, selbst kleine „Ungenauigkeiten" stören ihn • Schritt-für-Schritt denken und vorgehen • sich langsam seinem Ziel nähern • gegen Hast und Stress • nicht den großen Berg vor sich sehen, sondern die kleinen Kieselsteine **Lebensmotto:** Eile mit Weile

Charakterisierung von Gigi Fremdenführer (Aussehen, Eigenschaften, Verhalten)	**Philosophie von Gigi** (Was ist ihm wichtig?)
• hübsch • verträumte Augen • lebt leicht und unbeschwert • freches Mundwerk • lustig, zu Späßen aufgelegt • fantasievoll, erfinderisch • lacht viel • träumt davon, reich und berühmt zu werden • schlägt sich mit Gelegenheitsarbeiten durch	• schwindelt den Touristen bei Führungen etwas vor • will seine Seele nicht verkaufen, aber es zu etwas bringen • nimmt das Leben, wie es kommt • genießt jeden Tag • Träumer und Optimist **Lebensmotto:** • Carpe diem • Frisch gewagt, ist halb gewonnen

Ganz Ohr sein – die Kunst und Bedeutung des (Zu-)Hörens

S. 10

Aufgabe 1

Geräusche sind Symbole.

Sitz des Gedächtnisses

gehört werden = Selbstwertgefühl

Weg zum Herzen

sich anderen öffnen

Rechtssymbol

Aufnehmen und Empfangen von Wahrheiten

Gottes Ohr

Aufgabe 2

a) Zuhören als Kunst: Die „Gabe" von Momo

Aktives Zuhören muss geübt werden; man muss genau auf sein Gegenüber achten und auch die kleinsten verbalen und nonverbalen Signale interpretieren und verstehen lernen. Gerade in der heutigen Zeit ist aktives Zuhören immer seltener geworden. Es gibt viele Störfaktoren wie z. B. Fernseher, Zeitdruck, etc. (Schnelllebigkeit; Multitasking)

b) Aktives Zuhören in Zitaten

Individuelle Lösung

Aufgabe 3

a) Mögliche Erkennungszeichen, dass jemand aktiv zuhört

Individuelle Lösung. Mögliche Ergebnisse:

- Mein Gegenüber schaut mir in die Augen.
- Mein Gegenüber nimmt meine Reaktionen und Regungen wahr und reagiert ggf. darauf.
- Mein Gegenüber signalisiert Verständnis oder fragt gezielt nach.
- Mein Gegenüber hält seine eigene Meinung zurück.
- Mein Gegenüber unterbricht mich nicht.
- Mein Gegenüber bleibt bei meinen Themen.

b) Die Bedeutung von Momos Zuhören für ihre Freunde

- beflügelt Fantasie
- bringt die anderen zu neuen Gedanken; sie können sich innerlich sortieren
- hilft Traurigen, froh und zuversichtlich zu werden
- hilft Unentschlossenen, sich zu entscheiden

Zitat: Individuelle Lösung

S. 12

Freundschaften

Aufgabe 1

Eigenschaften und Bedeutung von Freundschaft bei Momo

Eigenschaft	Bedeutung
Akzeptanz	Gigi und Beppo sind grundverschieden und akzeptieren sich.
Loyalität und Treue	möchte Momo schützen; kehrt wie besessen
Aufmerksamkeit	Momo hört ihren Freunden immer zu.
Respekt und Wertschätzung	Momo nimmt alle so, wie sie sind.
Offenheit	Nino und Nicola reden offen über ihren Streit.
Vertrauen	Momo vertraut darauf, dass ihre Freunde sie nicht vergessen.
Zuverlässigkeit und Hilfsbereitschaft	Momo, Beppo und Gigi wollen ihren Freunden helfen.
Ehrlichkeit	Gigi erzählt Momo ehrlich, was ihn bewegt.
Vergebung	Nino und Nicola vergeben sich nach ihrem Streit.
gemeinsam lachen	Momo, Beppo, Gigi lachen oft gemeinsam.
Zeit	gemeinsam Zeit verbringen; sich füreinander Zeit nehmen

Aufgabe 2

a) Beziehung von Freundschaft und Zuhören

Individuelle Lösung. Eine mögliche Antwort kann folgendermaßen aussehen:

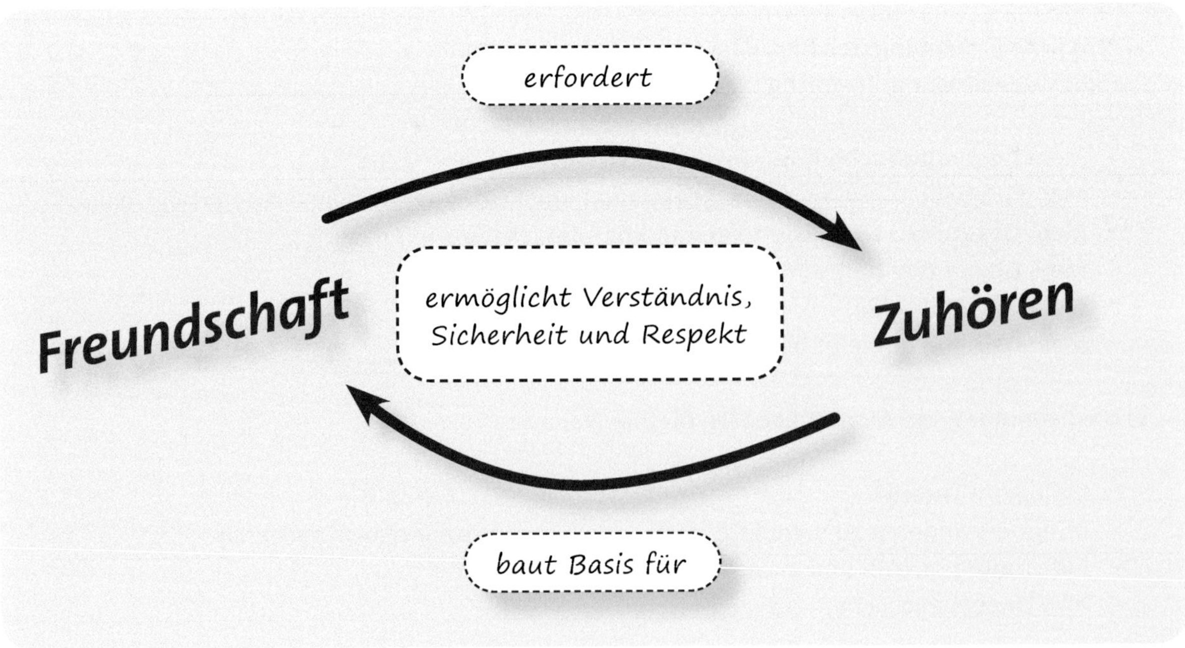

Wer aufmerksam zuhört, lernt den anderen kennen und verstehen. Zuhören ist außerdem eine Form des Respekts dem anderen gegenüber und vermittelt diesem eine gewisse Sicherheit. Somit kann es als Grundlage für eine Freundschaft angesehen werden. Wird aufmerksam zugehört, kann man eine gute Basis für eine Freundschaft aufbauen. Jedoch muss nicht zwingend eine Freundschaft daraus entstehen.

b) Dialog zum Thema Zuhören

Individuelle Lösung

Tipps

Zum Schreiben eines Dialogs

Was ist ein Dialog?

Ein Dialog unterscheidet sich von einem Monolog in der Form, dass immer zwei oder ggf. auch mehrere Charaktere miteinander sprechen.

Wichtige Hinweise für einen Dialog:

- Dialoge kommen ohne Erzähler aus.
  Es ist nur bekannt, was die Charaktere direkt sagen. Kein Erzähler kann z. B. Hintergrundinformationen geben. Der Lesende muss selbst überlegen, was die Kernaussage ist.

- Charaktere können indirekt beschrieben und Informationen verpackt werden. Durch einen eigenen Sprachstil, eine eigene Art und Weise (knapp und abgehackt reden; ausschweifend sein; bestimmte Worte nutzen; Wiederholungen; Dialekte; ausbleibende Antworten; etc.) können Charaktere besser beschrieben werden. Außerdem können mithilfe von Stilmitteln wie z. B. Metaphern, Ironie, Vergleiche, rhetorische Fragen etc. die Gedanken und Gefühle der Gesprächspartner vermittelt werden.

- Verben, Adjektive, Partizipien können helfen!
  Sie machen Körperhaltung und Stimmung der Beteiligten deutlich und den Text spannender.

- Möglichst authentisch schreiben.
  Wie würden die Charaktere wirklich sprechen? Meist unterscheidet sich dies von unserer Schreib-Sprache.

- Es muss deutlich sein, wer spricht, u. a. durch das Einbauen von Absätzen oder vorgesetzten Namen. Aber auch z. B. ein anderer Schreibstil kann schon deutlich genug machen, wer spricht.

S. 14

Die unscheinbaren grauen Herren

Aufgabe

Innerer Monolog Momos nach der ersten Begegnung mit den grauen Herren

Individuelle Lösung

Tipps

Zum Schreiben eines inneren Monologs

Was ist ein innerer Monolog?

Ein Gedankengespräch, in dem die Fragen „Was denke ich?“ und „Was fühle ich?“ im Vordergrund stehen. Hier hat der Charakter z. B. die Möglichkeit, unmittelbar über Probleme und Situationen von sich und anderen nachzudenken, Verhalten zu hinterfragen und sich selbst Fragen zu stellen. Auch kann er Ängste und Hoffnungen kommunizieren, Entscheidungen treffen und sich über die Zukunft Gedanken machen.

Wichtige Hinweise für einen inneren Monolog:

- In der Ich-Form schreiben.
  Die Figur formuliert unmittelbar selbst die Gedanken und Gefühle.

- Präsens für Gefühle nutzen.
  Die Figur berichtet im Hier und Jetzt.

- Präteritum für die Dinge aus der Vergangenheit nutzen.
  Wenn von etwas aus der Vergangenheit berichtet wird, muss die Zeitform angepasst werden.

- Wichtige Eckpunkte beachten.
  1. Ausgangssituation kurz beschreiben. (Wo steht die Figur jetzt?)
  2. Situation schildern. (Wie kam es dazu? Welche Handlungsschritte gab es?)
  3. In einer Denk- und Sprechweise schreiben. (Wie würde die Figur in der Realität sprechen?)
  4. Mit einer Schlussfolgerung enden. (Konnte ein Entschluss gefasst, ein Ausblick gegeben, eine Hoffnung oder Befürchtung ausgedrückt werden?)

Zweiter Teil: Die grauen Herren

Zeit und Zeitsparen

S. 15

Aufgabe 1

Wortfamilie Zeit (Möglichkeiten)

Frei**zeit**	**Zeit**achse	**Zeit**wandel	**Zeit**karte
Zeitverschwendung	**Zeit**angabe	**Zeit**wende	**zeit**lebens
Jahres**zeit**	**Zeit**aufnahme	**Zeit**zone	**Zeit**punkt
Tages**zeit**	**Zeit**automatik	**zeit**los	**Zeit**raum
Voll**zeit**	**Zeit**druck	**zeit**ig	**Zeit**raffer
Zeitarbeit	**Zeit**geschichte	Ge**zeit**en	**Zeit**schrift
Zeitmanagement	**Zeit**geschmack	vor**zeit**ig	**Zeit**messer
Zeitalter	**Zeit**bombe	gleich**zeit**ig	**zeit**weise

Aufgabe 2

a) Werbeslogan Zeit-Sparen

Individuelle Lösung

Tipps

Zum Schreiben eines Werbeslogans

Was ist ein Werbeslogan?

Ein kurzer, prägnanter Satz, der ein wichtiger Bestandteil einer Markenidentität ist. Er ist in sich ausdrucksstark und so gut durchdacht, dass er dem potentiellen Kunden auf einem Blick deutlich macht, warum das Produkt erworben werden soll.

In der Regel besteht ein Werbeslogan aus fünf oder weniger Worten. Er soll die Vorteile und die Idee der Marke oder des Produkts gut verkaufen.

Wichtige Regeln für einen Slogan:

- **Kurz halten.**
  Lange Sätze sind nicht so einprägsam. Kurze Sätze fassen das Wesentliche zusammen.
- **Einfach halten.**
  In wenigen Sekunden muss der Slogan Eindruck machen. Nicht zu viele Ideen sollten in einen Slogan einfließen. Am besten: Ein Slogan, eine Idee.
- **Sich Zeit nehmen.**
  Gute Ideen müssen erst reifen. Je kürzer der Satz, desto anspruchsvoller wird es, etwas Stimmiges und Aussagekräftiges zu finden.
- **Humor haben.**
  Mit etwas Witz gestalten sich Slogans oftmals noch wirksamer. Jedoch sollte darauf geachtet werden, dass der Satz trotz Humor noch gut zu verstehen ist.
- **Darüber nachdenken, was das Produkt einzigartig macht.**
  Was ist das Besondere an dem Produkt? Was hebt es im Vergleich zu anderen Produkten hervor?
- **Die Zielgruppe im Blick behalten.**
  Welche Reichweite soll das Produkt haben? Sind es nur die Stadtbewohner, bestimmte Länder, Altersgruppen, etc.?
- **Den Markennamen einbauen.**
  Den Slogan sollte man immer der Firma zuordnen können. Dies funktioniert gut, wenn man entweder den Markennamen komplett oder Teile des Markennamens in den Slogan einbaut. Jedoch sind auch eindeutige Merkmale oder Symbole, die mit der Firma unmittelbar in Verbindung gebracht werden, möglich.
- **Rhythmen oder Reime einbauen.**
  Dies verstärkt die Wahrscheinlichkeit, dass die Zielgruppe sich den Slogan besser merken kann.

b) Auswirkung des Zeitsparens

Ratschläge der grauen Herren für Zeit-Sparer	Folgen und Veränderungen für Friseur Fusi	Zeit-Sparer – Veränderungen
• schneller arbeiten • keine Unterhaltungen • keine Besuche • keine Tiere • kein Singen, Lesen • keine Freunde treffen • kein Nachdenken über den Tag	• nervös, gehetzt, ruhelos • mürrisch, missmutig • schweigsam, verbissen, verbittert • lustlos, unfreundlich, wütend • besessen, freudlos • frisiert Kunden schneller • schickt Mutter ins Altersheim • besucht Freundin Daria nicht mehr täglich (keine Rose) • verkauft Wellensittich an Tierhandlung	• Motto: Gesparte Zeit ist doppelte Zeit! • müde und verbittert, unfreundlich und lustlos • Rastlosigkeit, Arbeit, Geld verdienen (kapitalistisches Streben nach Materiellem) • bessere Kleidung • keine Feste feiern • keine Träume, • Lärm gegen Stille • es zu etwas bringen, etwas werden, mehr als andere haben • Gleichmacherei, Uniformität, gleichgeartete Neubauviertel, Kleidung, ...

c) Zeitfresser heute

Individuelle Lösung. Beispiele für Zeitfresser:

- Smartphones
- Fernsehen, Serien
- Computer- und Konsolenspiele
- Werbepausen im Fernsehen und im Internet
- Schule, Hausaufgaben
- Auto- bzw. Busfahren und Flüge zu weit abgelegenen Reisezielen
- Versuch, zu viel auf einmal zu tun (Multitasking)
- Hast, Ungeduld
- Wartezeiten (z. B. bei Terminen, Arzt)
- Streit, Konflikte
- Schnäppchenjäger – Einkaufsphilosophie (Aldisierung)
- sich in Internetrecherche verlieren (YouTube, etc.)
- uvm.

d) Zeitmessung von Momo und den grauen Herren

Wie misst Momo die Zeit?	Wie messen die grauen Herren die Zeit?
subjektiv gemessen an Empfindungen, Gefühlen	messbare, mechanische Zeit, objektiv berechenbar

Aufgabe 3

a) Lang empfundene Zeit
Schule, Kirche, Hausaufgaben, Lernen, Arzttermin, Krankheit, etc.

b) Kurz empfundene Zeit
Spielen, Sport, Fernsehen, Computer, Playstation, Kino, Zeit mit Freunden etc.

c) Gedicht oder Songtext zum Thema Zeit
Individueller Schülerbeitrag

Tipps

Zum Schreiben eines Gedichtes oder eines Songtextes

Gedicht

1. Thema festlegen
2. Versmaß auswählen (Elfchen, Haiku, Reimformen)
3. Wörter finden, die sich zu dem Thema reimen (Brainstorming)
4. überlegen, welche Wörter am besten die Stimmung des Gedichtes vermitteln
5. Gedicht schreiben

Tipp:
Reime sind nicht zwingend nötig (moderne Gedichte brechen aus diesem Schema oft aus).
Für die ersten Übungen ist es jedoch gut, Versmaß und Reimschema festzulegen.

Songtext

Songtexte sind teilweise sehr angelehnt an Gedichte. Sie sind an einen Rhythmus gebunden, der gesungen oder gerappt wird.

Die meisten Songs sind im 4/4tel Takt geschrieben. Gesungen wird, indem die Silben der Wörter auf Töne verteilt werden.

Wichtigste Regeln:
1. pro Takt eine Zeile
2. Ein Takt ist ein 4/4tel Takt.
3. Eine Strophe kann beispielsweise aus vier Takten bestehen: man braucht vier Zeilen.
4. Am Ende jeder Zeile stehen in der Regel Endreime.
5. Eine Strophe hat ein Reimschema eingebaut (z.B. Paar-Reime: a-a-b-b; a-b-a-b).

Tipp:
Als Richtwert kann gesagt werden, dass maximal 16 Silben in einen Takt und somit eine Zeile eingebaut werden. Das entspricht einer sehr schnellen Rap-Geschwindigkeit, wenn auf jeder 16tel Note eine Silbe liegt.

Jagd auf Momo

S. 19

Aufgabe

a) Verhalten der grauen Herren

- vorwiegend szenischer Dialog
- schnell wechselnde Aussagen verschiedener grauer Herren
- sie wirken gehetzt, teilweise hysterisch
- ähnlich einer Stichomythie (Rede und Gegenrede wechseln mit jedem Vers = Schlagabtausch)
- schnörkelloses Sprechen (ohne Ausschmückung)
- sachliche Sprache: Fakten, Feststellungen oder Imperative
- Parataxe (Satzreihe)

Der Autor vermittelt dadurch das Gefühl der Zeitnot und der Rastlosigkeit. Er fixiert auf einen Punkt. Die Fokussierung der grauen Herren liegt auf einem genau angestrebten Ziel.

b) Momo auf dem Weg zu Meister Hora

- anschauliches Erzählen, vorwiegend Erzähltext
- Detailbeschreibungen
- langsamer Erzählfluss
- Beschreibung von Eindrücken, Wahrnehmungen, Empfindungen
- Hypotaxe (Satzgefüge)

Der Autor vermittelt das Gefühl von Geduld und Zeit. Momo geht mit offenen Augen durch die Welt, nimmt deren Vielfalt bewusst in sich auf.

c) Erzähltempo und Zeitempfinden

- Erzähltempo wird deutlich unterschieden: Hervorhebung der Zeitproblematik.
- Wo wenig Zeit ist, wird sprachlich beschleunigt (z. B. kurze Sätze, Schlagabtausch im Dialog, schnörkellose Sprache).
- Wer viel Zeit hat, kann beobachten, sich Gedanken machen, mit beschreibenden Adjektiven wiedergeben, was er sieht (z. B. das Leben in der Stadt oder die Beschreibung des Denkmals).
- Mithilfe des unterschiedlichen Erzähltempos können die Unterschiede deutlich wahrgenommen werden; zwei Welten werden kontrastiert.

d) Textpassagen zur Charakterisierung

<table>
<tr><th></th><th>Wortwahl</th><th>Satzbau</th><th>Erzählweise</th></tr>
<tr><td>Textabschnitt 1
S. 136–127</td><td rowspan="2">• sachliche Sprache
• Fakten, Feststellungen oder Imperative
• schnörkelloses Sprechen (ohne Ausschmückung)</td><td rowspan="2">Parataxe (Satzreihe)</td><td rowspan="2">• vorwiegend szenischer Dialog
• schnell wechselnde Aussagen verschiedener grauer Herren</td></tr>
<tr><td>Textabschnitt 2
S. 144</td></tr>
<tr><td>Textabschnitt 3
S. 137–138</td><td rowspan="2">• verzierte Sprache, viele Adjektive
• Worte, die starke bildliche Vorstellung erzeugen
• differenzierte Worte</td><td rowspan="2">Hypotaxe (Satzgefüge)</td><td rowspan="2">• Detailbeschreibungen
• langsamer Erzählfluss
• Beschreibung von Eindrücken, Wahrnehmungen, Empfindungen
• anschauliches Erzählen
• vorwiegend Erzähltext</td></tr>
<tr><td>Textabschnitt 4
S. 145</td></tr>
</table>

e) Bedeutung der unterschiedlichen Gestaltung

Die grauen Herren	Momo
• vermittelt das Gefühl der Zeitnot, der Rastlosigkeit • fixiert auf einen Punkt, Fokussierung auf ein Ziel	• vermittelt das Gefühl von Geduld, Zeit • geht mit offenen Augen durch die Welt, nimmt deren Vielfalt bewusst in sich auf

f) Aufgeben der Sparsamkeit

Sie geben ihre Sparsamkeit dann auf, wenn es darum geht, Momo zu finden und zu vernichten. Sie wissen, dass sie sich nur dann retten können. Sie geben alles daran, Momo zu finden, da sie sich in ihrer Existenz von Momo bedroht fühlen.

g) Was Momo hat

Sie hat viel Zeit, die sie gerne mit anderen Menschen teilen möchte (Seite 159). Sie lebt ihre subjektive Zeit und genießt jede Stunde, Minute, Sekunde im Kreis ihrer Freunde.

Die Schildkröte Kassiopeia

S. 22

➲ **Aufgabe**

a) Wahl der Schildkröte als Figur für den Roman

Positive Assoziationen, Alter und Fortbewegung/Tempo sind ausschlaggebend für die Wahl der Schildkröte.

b) Wesen der Schildköte in *Momo*

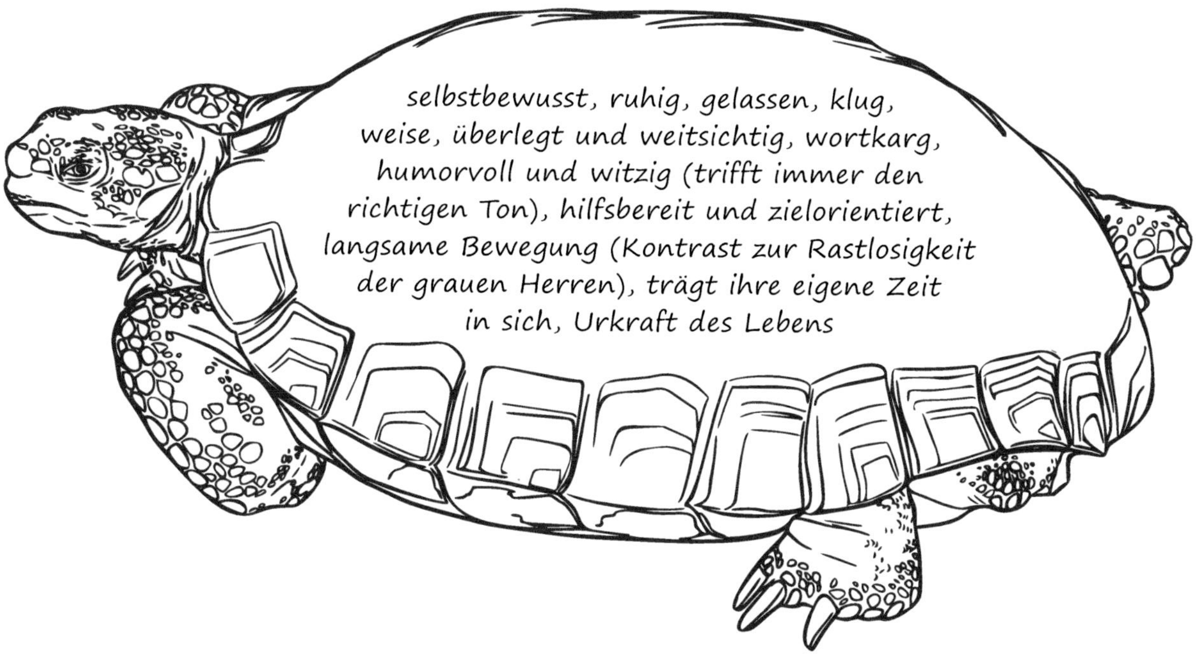

c) Symbolik bzw. Bedeutung von Schildkröten

Symbollexikon	
• Tier aus prähistorischer Zeit	→ Unsterblichkeit
• verkörpert die Zeit der Vergangenheit • lange Lebensdauer • Symbol der Unsterblichkeit	→ Zeitlosigkeit, Endlosigkeit
• gibt der Erde richtigen Halt (Urmeer)	→ erdverbunden, gibt Halt
• erdverbunden, gibt Halt	→ eröffnet Momo die Wahrheit und die Lösung für die Rettung

S. 23

Meister Hora

➲ Aufgabe 1

a) Den Namen nicht nennen

Individuelle Lösung. Mögliche Antwort:

- Angst vor Meister Hora; Angst vor der Macht und vor dem Ungewissen, unbezwingbar Erscheinenden
- Meister Hora ist für die grauen Herren in dem Moment unerreichbar und doch ist er ihnen als Gegenspieler, direkter Feind bekannt.

b) Weitere Geschichten

z. B. Lord Voldemort in *Harry Potter*

➲ Aufgabe 2

Meister Hora und sein Zuhause

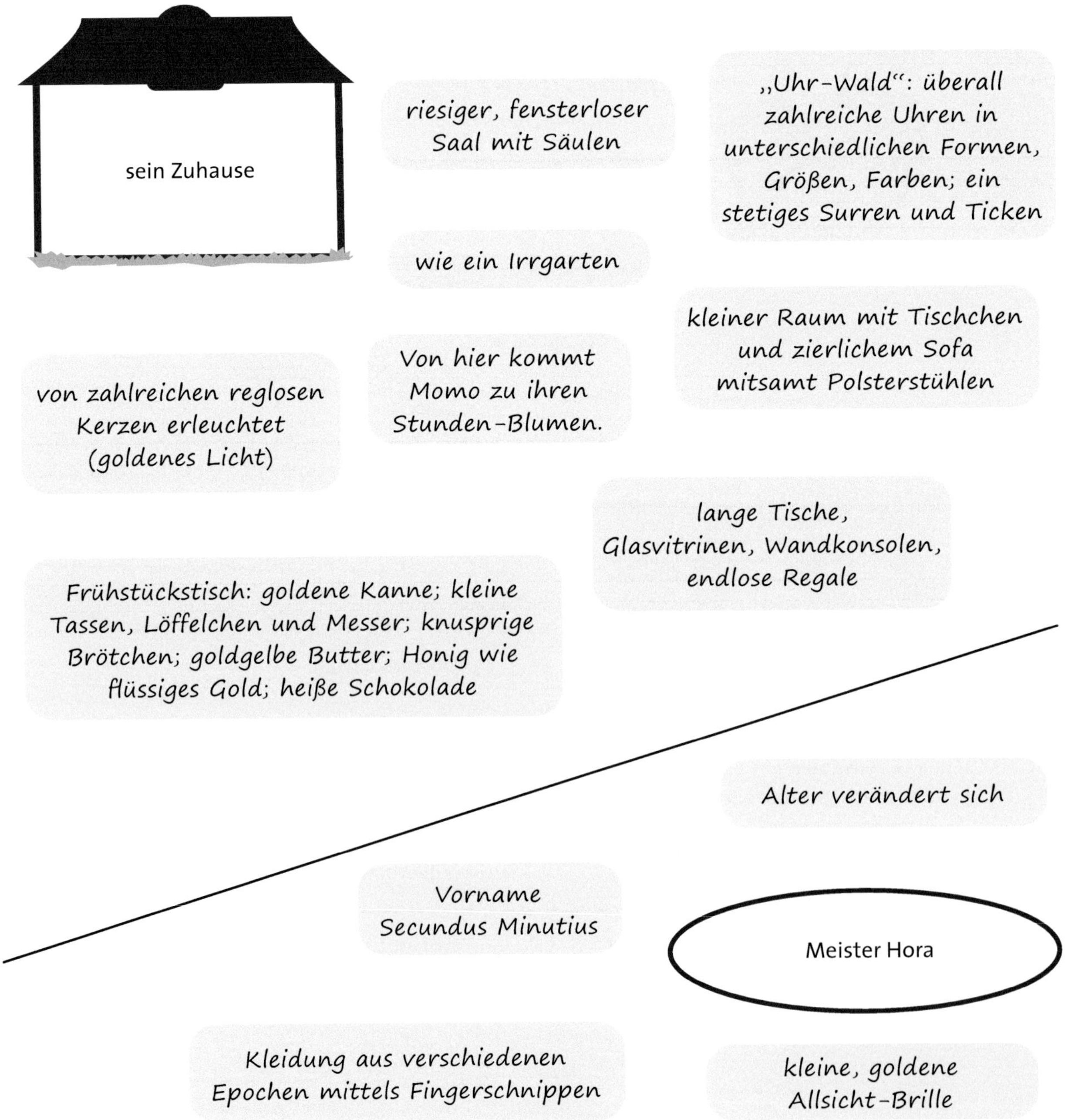

Die Welt der Stunden-Blumen

S. 24

➲ Aufgabe

Individuelle und kreative Lösung

Dritter Teil: Die Stunden-Blumen

Veränderung der Menschen

S. 25

Gigi

- Gigi heißt nun Girolamo
- als fester Reiseführer mit vollem Stundenplan angestellt
- Reichtum: großes, modernes Haus
- berühmter Geschichtenerzähler in Rundfunk und Fernsehen
- Geschichten haben keine Flügel mehr: teilt seine Geschichten, da ihm nichts mehr einfällt
- erzählt zuletzt Geschichten, die nur für Momo gedacht waren
- erzählt Geschichten doppelt
- kaum noch Zeit = vergisst Momo irgendwann wieder
- besinnt sich auf Momo und will ihre Geschichte bekannt machen
- wird von den grauen Herren zurechtgewiesen; macht seinen Job weiter, fühlt sich aber wie ein Betrüger
- hasst seine Tätigkeit, von Termin zu Termin zu hetzen
- Motivation & Ziel = Wohlleben, Wohlstand und Berühmtheit

Beppo

- Beppo wehrt sich immer gegen graue Herren
- wartet auf Momo
- sucht Momo intensiv
- geht zur Polizei, die ihn inhaftieren und in eine Narrenanstalt einweisen lässt
- grauer Herr erpresst auch ihn
- muss Tausende von Stunden abarbeiten, um Momo auszulösen, glaubt an den Handel und arbeitet Tag und Nacht ohne Rast und Ruh
- verleugnet sich selbst und seine Philosophie
- Motivation & Ziel = Momo befreien und retten

Kinder

- Die Kinder warten auf Momo im Amphitheater (halten länger durch als die Erwachsenen).
- machen sich immer mehr Gedanken und Sorgen um ihre Eltern
- werden von den grauen Herren in Kinder-Depots verschleppt
- Spielverbot
- keine Freude, keine Begeisterung, keine Träume
- Gesichter wie kleine Zeit-Sparer
- verdrossen, gelangweilt, feindselig, mürrisch, lieblos, unfreundlich
- wütender und böser Lärm (nicht lautes, freudiges Kinderspiel)
- graue Uniformen
- hasten und hetzen, sind immer in Eile
- machen nützliche Spiele „für die Zukunft" (z. B. Lochkarten)
- haben die Philosophie der Erwachsenen übernommen

Aufgabe 2

a) Szenisches Spiel: Streitgespräch zwischen Gigi und Momo

Individuelle Lösung

b) Tagebucheintrag zu Momos Situation und Veränderung

Individuelle Lösung

Tipps

Wichtige leitgebende Fragen für einen Tagebucheintrag

- Wie fühlt und denkt die Person, die den Eintrag verfasst?
- In welcher Situation befindet sich die Person?
- Wie hat die Person das Erlebte wahrgenommen?
- Welche Ängste, Hoffnungen und Ziele hat die Person?

Wichtig: Zeitform beachten und in Ich-Form schreiben!

Kampf um die Stunden-Blumen

S. 27

➲ Aufgabe 1

Comic „Momo rettet die Stunden-Blumen der Menschen“

Wichtige Eckpunkte:

- Meister Hora, der die Zeit anhält.
- Eine Stunden-Blume für Momo, damit sie sich weiterhin bewegen kann. Sie folgt den grauen Herren.
- Die Panik der grauen Herren, da ihr Nachschub an Zigarren gefährdet ist.
- Der Streit der grauen Herren um die Zigarren, bis nur noch wenige übrig bleiben.
- Momo verschließt die Tür, die letzten grauen Herren lösen sich in Rauch auf.
- Die Stunden-Blumen finden den Weg zurück zu ihren Herzen.

Tipps

Der Comic könnte als Grundlage für ein kleines Filmprojekt dienen (z. B. Stop-Motion oder verschiedene Szenen werden unter den Gruppen aufgeteilt). Auch können die SuS den Comic als Foto-Projekt gestalten.

Meister Hora hält die Zeit an.

Momo mit Kassiopeia und der Stunden-Blume auf der Suche nach dem Lager der grauen Herren.

Panik bei den grauen Herren.

Die grauen Herren eilen zum Lager. Momo folgt.

Die grauen Herren streiten sich.

Momo verschließt das Tor.

Die Stunden-Blumen fliegen zurück zu den Herzen der Menschen.

Aufgabe 2

Die Stunden-Blume

Stunden-Blumen

Wissenschaftlicher Name:	*Hibiscus trionum*
Verbreitungsgebiet:	*östlicher Mittelmeerraum, Südafrika, Madagaskar, Westasien, Zentralasien, Pakistan, China, Australien, Österreich, teils auch selten in Deutschland*
Erscheinungsbild:	*ein- bis zweijährige krautige Pflanze; 20–50 cm Wuchshöhe (selten bis 80 cm); borstig behaarte Stängel; Laubblätter in Blattstiel und Blattspreite gegliedert, wechselseitig angeordnet; Blattspreite etwa 3-6 cm groß und entweder eiförmig oder drei- bis fünflappig; fadenförmige Nebenblätter; Blüte radiärsymmetrisch und fünfblättrig mit einem Durchmesser von etwa 8 cm; Blütenblätter außen zart-gelblich, innen purpur-violett-schwarz*
Standortbedingungen:	*lockere, steinige oder kiesig-sandige Lehmböden; sollten etwas stickstoffhaltig und zeitweise recht trocken sein*

Grund für den Namen Stunden-Blume:
Jede Blüte öffnet sich in der Hauptblütezeit von Juni bis September nur einen Tag lang und dann nur für wenige Stunden.

Vergleich der echten Stunden-Blume mit denen im Buch:
Individuelle Lösung

Der Roman im Überblick

Textgattungen

S. 29

➲ **Aufgabe 1**

Definition von Märchen-Roman:
Ein Roman ist eine erzählerische Großform in Prosa. Ein Märchen-Roman im Speziellen erzählt ein modernisiertes Märchen.

Märchenelemente und bestimmte Merkmale des Märchens, die sich bei Momo wiederfinden

Held/Heldin muss sich bewähren	Aufgabe, Gefahr, Prüfung, Lösung, Glück und Erfüllung
Kampf gegen das Böse	Vernichtung der grauen Herren
keine genaue Orts- und Zeitangabe	zeit- und namenlos (Amphitheater, Stadt)
Gegensätze	Lust und Freude versus Lustlosigkeit und Verdrossenheit
Zeitsprünge	Figuren bewegen sich in der Zeit zurück bzw. können voraussehen
nichtexistierende Welten und Menschen	**graue Herren:** ihre Welt hat etwas Futuristisches; **Meister Hora:** sein Reich ist erfunden
sprechende Tiere	Schildkröte kann sich mitteilen (Schrift auf Panzer)
wunderbare Gegenstände, die Zauberfähigkeit besitzen	Stunden-Blume als Hilfsmittel zur Rettung
Wiederkehr von Handlungsschritten	mehrere Begegnungen mit den Freunden und den grauen Herren
Vermittlung einer Lehre	sich Zeit nehmen für sich und andere; sich nicht von der Arbeit auffressen lassen; mit Liebe und Freude leben; Freundschaften bewahren; Verantwortung für andere übernehmen

Aufgabe 2

a) Zusammenfassung von Gigis Märchen

Hintergrundinformation

Zu Gigis Märchen vom Zauberspiegel
Auf S. 54–60 erzählt Gigi Momo ein Märchen. Dieses ist als eine eigenständige Geschichte geschrieben und fügt sich innerhalb der eigentlichen Erzählung von *Momo* ein. Es handelt sich hierbei um eine Binnenerzählung, die sinnbildlich für das steht, was der Roman insgesamt ausdrücken möchte. Ebenso wie der Roman selbst, nimmt das Märchen den Zusammenhang zwischen Zeit und Glück in den Fokus. Somit kann es als Allegorie innerhalb der Erzählung verstanden werden.

Eine Prinzessin lebt in einem gläsernen Schloss. Sie ist unsterblich und hat einen Zauberspiegel, den sie hinaus in die Welt schickt. Sobald ein Lebewesen in ihn hineinsieht, sammelt er dessen Spiegelbild ein und sendet es an die Prinzessin. Die Prinzessin darf jedoch nicht selbst in den Spiegel sehen, denn sonst würde sie ihre Unsterblichkeit verlieren. Eines Tages erblickt sie einen jungen Prinzen im Spiegel und eine tiefe Sehnsucht entsteht in ihr. Um ihr Spiegelbild diesem Prinzen zu schicken, fasst sie allen Mut und schaut doch in den Spiegel, der ihr Bild dem Prinzen bringt. Die Prinzessin gibt so, um ein echtes, erfülltes Glück zu erleben, ihre Unsterblichkeit auf. Der Prinz soll währenddessen eine Braut auswählen. Auf seiner Brautschau schleicht sich eine böse Fee ein und verzaubert ihn so, dass er nur noch sie will und sonst keine mehr. Er muss ihr versprechen, ein Jahr lang nicht mehr hoch in den Zauberspiegel zu blicken und er hält sich auch daran. Eines Tages jedoch trifft ihn ein Regentropfen, obwohl keine Wolke am Himmel steht. Das verwundert ihn so sehr, dass er hochblickt. Nun sieht er durch den Spiegel die weinende Prinzessin und ihm wird in diesem Moment bewusst, dass er getäuscht wurde und eigentlich nur die Prinzessin liebt. Zur Strafe macht die böse Fee ihm einen Knoten in sein Herz. Dadurch vergisst er alles, was er ist, und verlässt orientierungslos sein Schloss. Einzig das Spiegelbild der Prinzessin nimmt er mit auf seine Reise. Auch die Prinzessin ist in der Zwischenzeit auf die Suche nach dem Prinzen gegangen. Ihre Kleidung ist mittlerweile sehr zerrissen. Als beide per Zufall aufeinandertreffen, erkennen sie sich nicht. Die Prinzessin trägt nun keine feine Kleidung mehr und auch der Prinz wirkt wie ein armer Schlucker. Aber sie freunden sich an und trösten sich gegenseitig. Eines Abends jedoch holt der Prinz das Spiegelbild der Prinzessin heraus und sie erkennen einander.

b) Märchenelemente in Gigis Geschichte

Held/Heldin muss sich bewähren; Kampf gegen Böses; Vermittlung von Lehre; Zaubergegenstände; nichtexistierende Welten; keine genauen Ortsangaben

c) Geschichten mit einem Zauberspiegel

- *Schneewittchen*
  → Der Spiegel kann sprechen und hat eine eigene Persönlichkeit.
- *Die Schneekönigin*
  → Der trügerische Spiegel des Teufels lässt alles Gute und Schöne, was sich darin spiegelt, verschwinden und verstärkt das Böse und Schlechte.
- *Harry Potter*
  → Der Spiegel Nerhegeb (Begehren) zeigt den tiefsten Herzenswunsch.
- *Die Geschichten des Prinzen Zeyn Alasnam und des Königs der Geister*
  → Der Spiegel zeigt die Tugend.

Romanfiguren und ihre Beziehungen

S. 31

➲ Aufgabe

Schaubild der wichtigsten Figuren und ihre Beziehungen

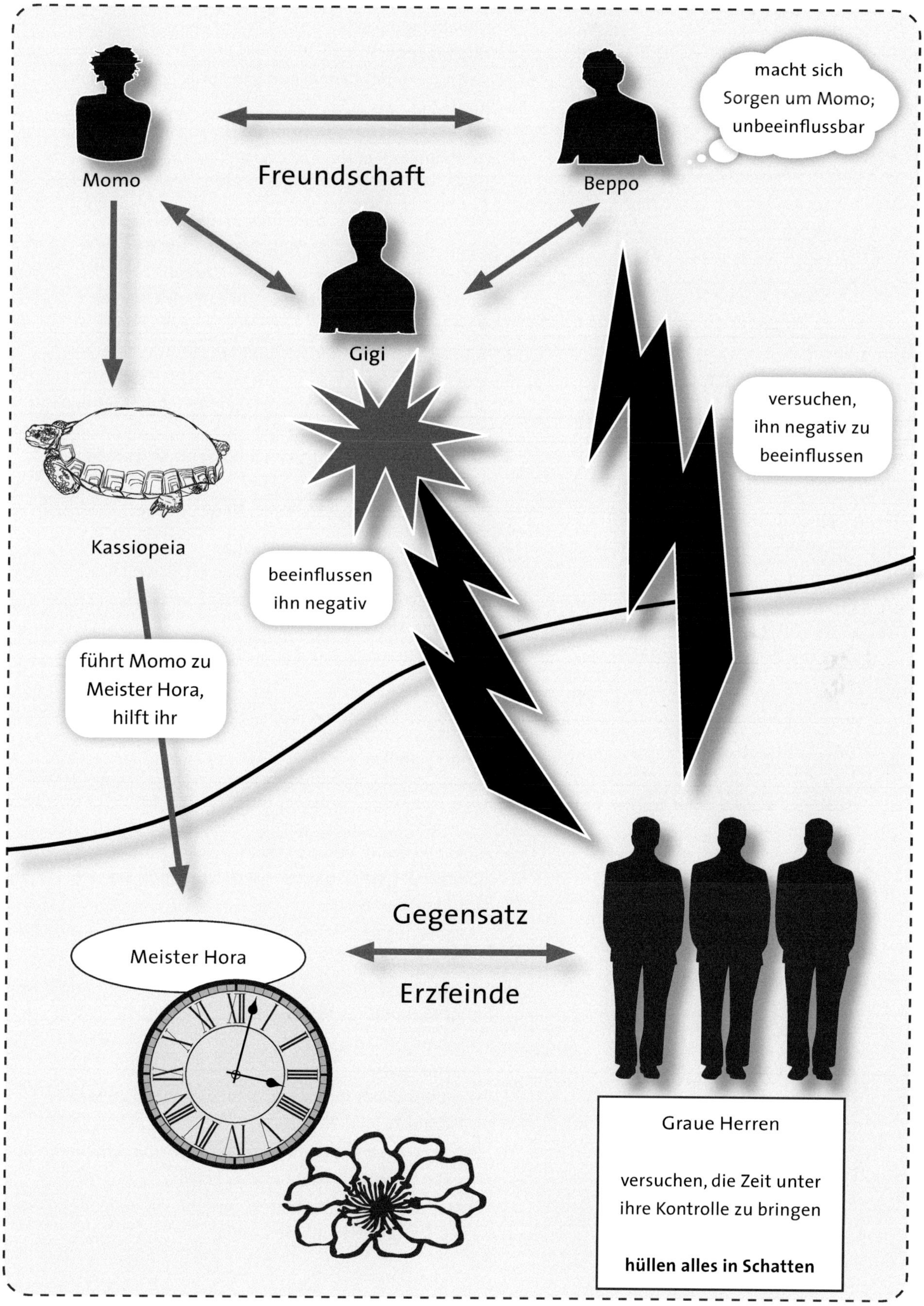

S. 32

Die vier Welten

➲ Aufgabe

Die vier Welten im Roman

Name der Welt	Buchteil Nr.	Kurze Beschreibung
Welt 1 Das Leben in der Vorstadt vor Momo	1	• arm aber glücklich • Alltag leben • Arbeit ohne Hektik machen, mit Spaß • Streit • Gespräche in Ninos Restaurant • miteinander lachen • Leben mit allen menschlichen Stärken und Schwächen
Welt 2 Das Leben im Amphitheater mit Momo	1	• verlorenes Paradies, außerhalb der Gesellschaft • Leben = Selbstbestimmung, Wahrhaftigkeit • Geduld, Zeit, Zuhören, nach innen hören • sich den Menschen widmen (ihren Problemen und Träumen) • Miteinander, Verständnis füreinander, Interesse am anderen • Offenheit, Vertrauen, Aufmerksamkeit, Anteilnahme • Neugier, Kreativität, Fantasie • menschliche Wärme, Streitschlichterin, Vermittlerin, Versöhnung • Zuneigung, Liebe, Sympathie, Nähe
Welt 3 Der Einfluss und die Ziele der grauen Herren	2	• Fremdbestimmung der Menschen • Funktionalisierung der Zeit • Zeitverlust = Entfremdung • Gleichmacherei • Zeit sparen • Stress • Hetze • Hektik • Schnelllebigkeit • Aufhebung der Gefühle (im Nichts): weder positive noch negative Gefühle sind zu spüren
Welt 4 Momos Rettung der Zeit und der Menschen	3	• Einsamkeit und Verlassen sein • überwindet die Gedanken an sich und besinnt sich auf die Not der Freunde: → Egoismus und Passivität (Hilflosigkeit) führen zu Altruismus und Aktivismus → Angst und Hilflosigkeit werden überwunden und führen zu Mut und Tatendrang → Momo möchte sich den grauen Herren stellen, das Problem angehen. → Momo findet ihren Weg über Kassiopeia zu Meister Hora. → Momo lässt sich auf die gefährliche und schwierige Aufgabe ein, um ihre Freunde zu retten. → Momo nutzt die Stunden-Blume, um ihre Aufgabe zu erfüllen (rettet Zeit und Menschen).

Ansichten des Autors

S. 33

➲ Aufgabe

Michael Endes Ansichten

Was findet er richtig oder falsch?	
+ Besinnung auf das Wesentliche im Leben + Werte der Menschen achten und pflegen + Zeit und Raum für Fantasie und Zwischenmenschlichkeit + Freundschaften achten + Welt bewusst wahrnehmen + kritisches Denken	- sich keine Zeit für die wesentlichen Dinge im Leben nehmen - das stetige Streben nach „höher, besser, weiter“, Ruhm und Erfolg (ohne Rücksicht auf Verluste) - kapitalistisches Denken - Werteverlust - Mitläufer - die symbolische Existenz der grauen Herren in unserer Welt

Was soll sich ändern? Was sollen die Menschen dagegen machen?

- Die Menschen sollen sich wieder mehr Zeit für das Wesentliche im Leben nehmen:
  → sich zuhören
  → Dinge mit Bedeutung
  → füreinander da sein
- Die Menschen sollen ihr eigenes System, in dem sie leben, stets kritisch hinterfragen.
- Die Menschen sollen den „Zauber“ der Welt zulassen und ihn nicht nur quantifizieren und verwissenschaftlichen.

Welche Ursachen hat das Problem?

- quantifiziertes Denken
- Rationalisierung und Verwissenschaftlichung des Lebens
- Entzauberung der Welt hin zu einer wertfreien Welt (Weil Menschen keine Werte mehr haben, verlieren sie selbst an Wert.)
- Widerspruch im modernen, wissenschaftlichen Denken vs. dem moralischen Denken und Erleben von Qualität
- herrschendes Finanz- und Gesellschaftssystem

Buch und Film

S. 34

Was wurde im Film verändert?

- Nachwort des Autors wurde aufgegriffen: Beginn mit Szene im Zug; Meister Hora trifft auf den Autor und beginnt, ihm die Geschichte von Momo zu erzählen.
- Geschichte etwas gestauchter: Streit zwischen Nino und Nicola ist fast zeitgleich mit der Entdeckung von Momo im Amphitheater; einige Szenen werden ausgelassen, bzw. nicht so genau erzählt wie im Buch.
- Momo fragt beim Zuhören auch mal nach („Warum?“).
- Das Bild vom heiligen Antonius wird Momo geschenkt.
  → erklärt so den Streit zwischen Nino und Nicola
- Wortlaut und Herangehensweise beim Besuch des grauen Herren bei Fusi abgewandelt (Gedanken Fusis können nur indirekt erzählt werden; der graue Herr gibt keine direkten Vorschläge zum Zeitsparen: „Das weiß Fusi selbst.“)
- Die Veränderungen der Menschen kommen nicht schleichend, sondern werden direkt von Beppo, Gigi und Momo gesehen und besprochen.
- Gigi schläft nicht in einem Verschlag beim Schrottplatz, sondern in einem ausgebauten Bus.

- Beppo geht direkt, nachdem er Gigi vom Verschwinden Momos erzählt hat, zur Polizei. (währenddessen ist Momo noch auf ihrem ersten Weg zu Meister Hora → andere zeitliche Aufteilung)
- Momo sagt schon vor der Begegnung und dem Gespräch mit dem grauen Herrn, dass sie die perfekte Puppe nicht mag; sie versuchten ihr schon vorher „Sachen" zu geben.
- Auch Puppen werden nach Momo geworfen und nicht nur Sachen; Puppen sitzen schließlich um Momo.
- Die Niemals-Gasse hat bewegliche Elemente und besteht nicht nur aus Häusern.
- Meister Hora begrüßt Momo direkt bei ihrer Ankunft (keine Uhren im Foyer, nur im Salon).
- Die große Essenstafel bei Meister Hora ist ein kleiner Tisch.
- Momo muss ein Jahr warten, bis sie wieder zurück in ihre Welt darf (im Buch darf sie so lange bleiben, wie sie will).
- Momos Höhle wurde nicht von Beppo aufgeräumt.
- Erste Begegnung mit Gigi als Star nicht vor seinem Haus und nicht auf dem Weg zum Flughafen.
- Beppo findet Kassiopeia und will sie ins Grüne setzen
→ so verlieren sich Momo und Kassiopeia.
- Kassiopeia entscheidet nicht selbst, Momo bei ihrer Rettungsaktion zu helfen, sondern wird von Meister Hora mitgeschickt.
- Die grauen Herren jagen nicht durch die unterirdischen Gänge hinter Momo her, sondern in ihrem Besprechungsraum.
- In der End-Szene befinden sich all die Freunde von Momo schon im Amphitheater, während sie mit den Stunden-Blumen zu ihnen fliegt.

Was wurde im Film weggelassen?

- Prozess/Zeit, in der Momo und ihren Freunden klar wird, dass sich etwas in der Stadt verändert (keine Szene, in der viel mehr Kinder kommen; Erwachsene haben keine Zeit)
- viele Szenen, in denen Momo ihre alten Freunde aufsucht, um zu fragen, warum sie nicht mehr kommen (nur der Besuch bei Fusi wird gezeigt)
- Beppos Bedenken vor der Demonstration (wird nicht darauf eingegangen)
- Szene, in der die Kinder immer mehr werden und u. a. mit Gigi, Beppo und Momo den Plan für die Demonstration schmieden (keine Malaktion und Besprechung im Amphitheater).
- Beppos Vielzahl an Versuchen, eine Vermisstenanzeige für Momo aufzugeben (Es wird nur ein Versuch gezeigt.)
- Beppos Untersuchungen in der Psychatrie (Beppo wird nur eingewiesen.)
- Nachricht von Gigi auf Momos Bett nach ihrer Rückkehr von Meister Hora (keine Nachricht vorhanden)
- Momos mehrfaches Anstehen bei Nino (nur einmal)
- Momos Angst vor den grauen Herren, als sie sie zu Mitternacht aufsuchen wollen (Momo eilt nicht vorab durch die Menschenmengen, um nicht alleine zu sein.)
- Die Altersveränderungen von Meister Hora (Er bleibt immer dieselbe Figur mit demselben Aussehen.)
- Türen öffnen bei Meister Hora (Momo muss nicht kurz vor Meister Horas Schlaf die zwei Türen öffnen.)

Was wurde ergänzt?

- Beppo entdeckt als Erster Momo beim Straßenkehren und besorgt ihr etwas zu essen.
- Gigi spielt Gitarre und singt → damit wird er berühmt.
- Eine hübsche Frau versucht, Gigi anzuwerben und schließlich berühmt zu machen.
- Tanzstunde bei Gigi mit vielen kleinen Momos
- Zentrale der grauen Herren wird sehr technisch dargestellt (auf der Suche nach Momo) marschierende Kinder ins Depot
- Beppo wird von den grauen Herren angefahren.

Wirkt der Film dadurch für dich anders als das Buch?

Individuelle Lösung

Kapitelübersicht

S. 36

Buchtitel	Überschrift	Seiten
Erster Teil:	***Momo und ihre Freunde***	**5–60**
Erstes Kapitel:	*Eine große Stadt und ein kleines Mädchen*	7–14
Zweites Kapitel:	*Eine ungewöhnliche Eigenschaft und ein ganz gewöhnlicher Streit*	15–24
Drittes Kapitel:	*Ein gespielter Sturm und ein wirkliches Gewitter*	25–37
Viertes Kapitel:	*Ein schweigsamer Alter und ein zungenfertiger Junger*	38–46
Fünftes Kapitel:	*Geschichten für viele und Geschichten für eine*	47–60
Zweiter Teil:	***Die grauen Herren***	**61–186**
Sechstes Kapitel:	*Die Rechnung ist falsch und geht doch auf*	63–80
Siebtes Kapitel:	*Momo sucht ihre Freunde und wird von einem Feind besucht*	81–109
Achtes Kapitel:	*Eine Menge Träume und ein paar Bedenken*	110–123
Neuntes Kapitel:	*Eine gute Versammlung, die nicht stattfindet, und eine schlimme Versammlung, die stattfindet*	124–134
Zehntes Kapitel:	*Eine wilde Verfolgung und eine geruhsame Flucht*	135–150
Elftes Kapitel:	*Wenn Böse aus dem Schlechten das Beste machen*	151–160
Zwölftes Kapitel:	*Momo kommt hin, wo die Zeit herkommt*	161–186
Dritter Teil:	***Die Stunden-Blumen***	**187–300**
Dreizehntes Kapitel:	*Dort ein Tag und hier ein Jahr*	189–213
Vierzehntes Kapitel:	*Zu viel zu essen und zu wenig Antworten*	214–223
Fünfzehntes Kapitel:	*Gefunden und verloren*	224–234
Sechzehntes Kapitel:	*Die Not im Überfluss*	235–244
Sechzehntes Kapitel:	*Große Angst und größerer Mut*	245–255
Achtzehntes Kapitel:	*Wenn man voraussieht ohne zurückzuschauen*	256–263
Neunzehntes Kapitel:	*Die Eingeschlossenen müssen sich entschließen*	264–276
Zwanzigstes Kapitel:	*Die Verfolgung der Verfolger*	277–286
Einundzwanzigstes Kapitel:	*Das Ende, mit dem etwas Neues beginnt*	287–300

Ergänzendes Material

Fragen zum Inhalt

Für alle drei Buchteile wurden Fragen zur Inhaltssicherung zusammengestellt, die auf Wunsch zusätzlich den Schülerinnen und Schülern ausgeteilt oder an die Klasse gestellt werden können. Die entsprechenden Kopiervorlagen und die dazugehörigen Lösungsvorschläge sind im Folgenden angegliedert.

- Fragen zum ersten Teil: Momo und ihre Freunde (S. 36–37)
- Fragen zum zweiten Teil: Die grauen Herren (S. 38–39)
- Fragen zum dritten Teil: Die Stunden-Blumen (S. 40–41)
- Lösungsvorschläge aller Fragebögen (S. 42–44)

Beispiel einer Klassenarbeit

Eine beispielhafte Klassenarbeit, die als Ideengeber für mögliche Aufgaben dienen soll, schließt dieses Lehrerheft ab. Sie fragt sowohl inhaltliche Aspekte als auch das Verständnis von Kernelementen des Romans ab. Außerdem wird nochmals die Textgattung „Märchenroman" wiederholt und den Schülerinnen und Schülern Raum für eine interpretative Textarbeit gelassen.

- Beispiel einer Klassenarbeit (S. 45–46)
- Lösungsvorschläge (S. 47–48)

Fragen zum Inhalt

Erster Teil: Momo und ihre Freunde

➲ Aufgabe 1

a) Kreuze die richtigen Aussagen an:

☐ Die Stadt, in der Momo lebt, ist klein.
☐ Momo ist zwischen acht und zwölf Jahren alt.
☐ Momo lebt in einem verlassenen Fußballstadion.
☐ Die Nachbarn wollen sie wegjagen.
☐ Die Nachbarn helfen ihr, ihre Kammer wohnlicher zu machen.
☐ Zur Feier ihres Einzugs gibt es ein Fest.

b) Markiere die falschen Stellen in den Aussagen aus a) farbig (z.B. mit einem roten Stift). Verbessere anschließend die falschen Aussagen.

____

____

____

____

____

➲ Aufgabe 2

a) Kreuze die richtigen Aussagen an:

☐ Momo hat wenige gute Freunde.
☐ Für die Leute ist Momo bald unentbehrlich geworden.
☐ Momo hat sehr oft Besuch.
☐ Sie kann jedem einen guten Rat geben.
☐ Momo schlichtet den Streit zwischen dem Wirt Nino und dem Friseur Fusi.

b) Markiere die falschen Stellen in den Aussagen aus a) farbig (z.B. mit einem roten Stift). Korrigiere die falschen Aussagen.

____

____

____

____

____

Aufgabe 3

Warum ist Momo so besonders für die Menschen? Was hat sie für besondere Eigenschaften?

____

____

____

____

____

Aufgabe 4

a) Streiche die falschen Aussagen durch.

Die anderen Kinder spielen gerne mit Momo.
Ein Gewitter zieht auf.
In ihrem Spiel sind die Kinder die Besatzung eines Raumschiffs.
Am Ende geht das Schiff verloren.

b) Verbessere die falschen Aussagen.

____

____

____

____

Aufgabe 5

Ergänze die Aussagen zum vierten Kapitel inhaltlich richtig.

Momo hat zwei beste Freunde. Beppo ist ein __________ Mann, der als ____________________ arbeitet. Ihr anderer bester Freund Gigi ist noch __________ und arbeitet unter anderem als ____________________. Sein Traum ist es, __________ und __________ zu werden.

In der Stadt verändert sich etwas. Immer mehr __________ Herren wandern durch die Straßen. Sie haben stets __________ Kleidung an und eine kleine __________ im Mund. Aus ihr strömt ununterbrochen grauer ____________________. Sind die Herren in der Nähe, bekommt Momo ein __________ Gefühl.

Zweiter Teil: Die grauen Herren

➲ Aufgabe 1

a) Kreuze die richtigen Aussagen an:

☐ Die grauen Herren halten ihr Tun geheim.
☐ Herr Fusi ist Restaurantbesitzer.
☐ Er lässt sich von der Rechnung des grauen Herrn beeindrucken.
☐ Die Zeit-Sparer sind glücklicher als andere Menschen.

b) Markiere die falschen Stellen in den Aussagen aus a) farbig (z. B. mit einem roten Stift). Korrigiere die falschen Aussagen.

➲ Aufgabe 2

a) Kreuze die richtigen Aussagen an:

☐ Beppo lehrt Momo Lesen und Schreiben.
☐ Es kommen immer mehr Kinder ins Amphitheater, weil ihre Eltern keine Zeit mehr für sie haben.
☐ Momo ist begeistert von ihrer neuen Puppe.
☐ Der graue Herr verrät ihr versehentlich den Plan.

b) Markiere die falschen Stellen in den Aussagen aus a) farbig (z. B. mit einem roten Stift). Korrigiere die falschen Aussagen.

Aufgabe 3

a) Streiche die falschen Aussagen durch.

Gigi macht sich Sorgen um Momo.
Auch viele Erwachsene finden Zeit, um ins Amphitheater zu kommen.
Wann und wo die nächste Versammlung stattfinden soll, ist geheim.

b) Verbessere die falschen Aussagen.

____

____

____

____

Aufgabe 4

Ergänze die Aussagen zum vierten Kapitel inhaltlich richtig.

Die grauen Herren sehen Momo als eine ______________ für ihre Zeit-Spar-Kasse. Deswegen ______________ sie das kleine Mädchen in der ganzen ______________. Währenddessen ist Momo gemeinsam mit der ______________ Kassiopeia auf dem Weg zu ______________ in die ______________. Auf ihrem Weg trifft sie ______________ auf einen grauen Herren.

Aufgabe 5

a) Sind die Aussagen richtig oder falsch?

1. Der Vorstand der Zeit-Spar-Kasse trifft sich.
2. Sie sind sich am Schluss einig, wie sie mit Momo verfahren wollen.

____

b) Kreuze die richtige Fortsetzung des Satzes an.

Die grauen Herren beschließen,
☐ Momo zu kidnappen.
☐ sich auf Momos Freunde zu konzentrieren.

Dritter Teil: Die Stunden-Blumen

Aufgabe 1

Ergänze die Sätze inhaltlich richtig.

Zu Beginn des dreizehnten Kapitels wacht Momo im ______________________ auf. Sie war etwa ______________________ fort und seitdem hat sich viel verändert. Gigi wird dank der grauen Herren ________________ und ________________ .

______________ meldet Momos Verschwinden bei der ________________ , aber niemand glaubt ihm und er wird in ein Krankenhaus für Nervenleiden gebracht. Die grauen Herren bieten ihm einen Handel an: hunderttausend ________________ für Momos Rückkehr und er willigt ein. Die Kinder werden in sogenannte ______________________ gebracht.

Aufgabe 2

a) Kreuze die richtigen Aussagen an:

- ☐ Momo geht in Nicolas Restaurant.
- ☐ Ihr alter Freund ist überglücklich, sie zu sehen, und unterhält sich lange mit ihr.
- ☐ Gigi bezahlt Momos Essen.
- ☐ Am Ende ist sie satt und zufrieden.

b) Markiere die falschen Stellen in den Aussagen aus a) farbig (z. B. mit einem roten Stift). Korrigiere die falschen Aussagen.

Aufgabe 3

a) Streiche die falschen Aussagen durch.

- ☐ Gigi ist entspannt.
- ☐ Gigi lädt Momo ein, bei ihm zu leben.
- ☐ Beppo arbeitet mit demselben Rhythmus wie immer.
- ☐ Beppo arbeitet auch nachts.
- ☐ Beppo und Gigi treffen sich oft.

b) Verbessere die falschen Aussagen.

____

____

____

____

____

____

Aufgabe 4

Kreuze die jeweils richtigen Aussagen an.

a) ☐ Beim Frühstück trinkt Meister Hora wieder nur Kakao.
☐ Beim Frühstück isst Meister Hora dieses Mal mit.

b) ☐ Die Zigarren der grauen Herren werden aus Tabak gemacht.
☐ Die Zigarren der grauen Herren werden aus getrockneten Stunden-Blumen gemacht.

c) ☐ Die Krankheit, die durch den Zigarrenqualm ausgelöst wird, heißt die tödliche Langeweile.
☐ Die Krankheit, die durch den Zigarrenqualm ausgelöst wird, ist tödlich.

d) ☐ Nach einer Stunde muss Momo ihren Auftrag erledigt haben und Meister Hora aufwecken.
☐ Nach einer Stunde muss Momo ihren Auftrag erledigt haben und Meister Hora wird wieder aufwachen.

Lösungsvorschläge zu den Fragen zum Inhalt

Erster Teil: Momo und ihre Freunde

Aufgabe 1

a) und b)

- ☐ Die Stadt, in der Momo lebt, ist klein. → *groß*
- ☒ Momo ist zwischen acht und zwölf Jahren alt.
- ☐ Momo lebt in einem verlassenen Fußballstadion. → *Amphitheater*
- ☐ Die Nachbarn wollen sie wegjagen. → *Sie nehmen sie auf und bauen ihr eine Unterkunft.*
- ☒ Die Nachbarn helfen ihr, ihre Kammer wohnlicher zu machen.
- ☒ Zur Feier ihres Einzugs gibt es ein Fest.

Aufgabe 2

a) und b)

- ☐ Momo hat wenige gute Freunde. → *Momo hat viele Freunde und auch sehr gute Freunde.*
- ☒ Für die Leute ist Momo bald unentbehrlich geworden.
- ☒ Momo hat sehr oft Besuch.
- ☐ Sie kann jedem einen guten Rat geben. → *Sie hört gut zu.*
- ☐ Momo schlichtet den Streit zwischen dem Wirt Nino und dem Friseur Fusi. → *Maler Nicola*

Aufgabe 3

Ihre besondere Eigenschaft ist das Zuhören. Dadurch unterstützt sie die Menschen dabei, ihre eigenen Antworten und Lösungen zu finden.

Aufgabe 4

a) Die anderen Kinder spielen gerne mit Momo.
Ein Gewitter zieht auf.
~~In ihrem Spiel sind die Kinder die Besatzung eines Raumschiffs.~~
~~Am Ende geht das Schiff verloren.~~

b) In ihrem Spiel sind die Kinder die Besatzung eines Schiffs/Forschungsschiffs.
Am Ende können sie das Schiff retten.

Aufgabe 5

Momo hat zwei beste Freunde. Beppo ist ein *alter* Mann, der als *Straßenkehrer* arbeitet. Ihr anderer bester Freund Gigi ist noch *jung* und arbeitet unter anderem als *Fremdenführer*. Sein Traum ist es, *reich* und *berühmt* zu werden.

In der Stadt verändert sich etwas. Immer mehr *graue* Herren wandern durch die Straßen. Sie haben stets *graue* Kleidung an und eine kleine *Zigarre* im Mund. Aus ihr strömt ununterbrochen grauer *Rauch*. Sind die Herren in der Nähe, bekommt Momo ein *ungutes* Gefühl.

Zweiter Teil: Die grauen Herren

Aufgabe 1

a) und b)

- ☒ Die grauen Herren halten ihr Tun geheim.
- ☐ Herr Fusi ist Restaurantbesitzer. → *Friseur*
- ☒ Er lässt sich von der Rechnung des grauen Herrn beeindrucken.
- ☐ Die Zeit-Sparer sind glücklicher als andere Menschen. → *gestresster, unglücklicher*

Aufgabe 2

a) und b)

- ☐ Beppo lehrt Momo Lesen und Schreiben. → *Gigi*
- ☒ Es kommen immer mehr Kinder ins Amphitheater, weil ihre Eltern keine Zeit mehr für sie haben.
- ☐ Momo ist begeistert von ihrer neuen Puppe. → *Sie ist gelangweilt, genervt.*
- ☒ Der graue Herr verrät ihr versehentlich den Plan.

Aufgabe 3

a) ~~Gigi macht sich Sorgen um Momo.~~
~~Auch viele Erwachsene finden Zeit, um ins Amphitheater zu kommen.~~
~~Wann und wo die nächste Versammlung stattfinden soll, ist geheim.~~

b) Beppo macht sich Sorgen.
Außer Gigi und Beppo sind keine Erwachsenen ins Amphitheater gekommen.
Auf Transparenten wird die Versammlung öffentlich beworben, sie findet am nächsten Sonntagnachmittag statt.

Aufgabe 4

Die grauen Herren sehen Momo als eine *Gefahr/Bedrohung* für ihre Zeit-Spar-Kasse. Deswegen *suchen* sie das kleine Mädchen in der ganzen *Stadt*. Währenddessen ist Momo gemeinsam mit der *Schildkröte* Kassiopeia auf dem Weg zu *Meister Hora* in die *Niemals-Gasse*. Auf ihrem Weg trifft sie *nie* auf einen der grauen Herren.

Aufgabe 5

a) 1. Der Vorstand der Zeit-Spar-Kasse trifft sich.
2. Sie sind sich am Schluss einig, wie sie mit Momo verfahren wollen.

→ Beide Aussagen sind richtig.

b) Die grauen Herren beschließen,

- ☐ Momo zu kidnappen.
- ☒ sich auf Momos Freunde zu konzentrieren.

Dritter Teil: Die Stunden-Blumen

Aufgabe 1

Zu Beginn des dreizehnten Kapitels wacht Momo im *Amphitheater* auf. Sie war etwa etwa *ein Jahr* fort und seitdem hat sich viel verändert. Gigi wird dank der grauen Herren *reich* und *berühmt*. *Beppo* meldet Momos Verschwinden bei der *Polizei*, aber niemand glaubt ihm und er wird in ein Krankenhaus für Nervenleiden gebracht. Die grauen Herren bieten ihm einen Handel an: hunderttausend *Stunden* für Momos Rückkehr und er willigt ein. Die Kinder werden in sogenannte *Kinder-Depots* gebracht.

Aufgabe 2

a) und b)

☐ Momo geht in Nicolas Restaurant. → *Ninos*

☐ Ihr alter Freund ist überglücklich, sie zu sehen, und unterhält sich lange mit ihr.
→ *Er ist froh, sie zu sehen, hat aber kaum Zeit für sie.*

☒ Gigi bezahlt Momos Essen.

☐ Am Ende ist sie satt und zufrieden. → *zwar satt, aber unzufrieden*

Aufgabe 3

a) ~~Gigi ist entspannt.~~
Gigi lädt Momo ein, bei ihm zu leben.
~~Beppo arbeitet mit demselben Rhythmus wie immer.~~
Beppo arbeitet auch nachts.
~~Beppo und Gigi treffen sich oft.~~

b) Gigi ist nervös/unruhig/gestresst.
Beppo verändert seinen Arbeitsstil und seine Philosophie. Er ist hektisch und unruhig.
Gigi und Beppo haben keine Zeit füreinander und sehen sich nicht.

Aufgabe 4

a) ☐ Beim Frühstück trinkt Meister Hora wieder nur Kakao.
☒ Beim Frühstück isst Meister Hora dieses Mal mit.

b) ☐ Die Zigarren der grauen Herren werden aus Tabak gemacht.
☒ Die Zigarren der grauen Herren werden aus getrockneten Stunden-Blumen gemacht.

c) ☒ Die Krankheit, die durch den Zigarrenqualm ausgelöst wird, heißt die tödliche Langeweile.
☐ Die Krankheit, die durch den Zigarrenqualm ausgelöst wird, ist tödlich.

d) ☐ Nach einer Stunde muss Momo ihren Auftrag erledigt haben und Meister Hora aufwecken.
☒ Nach einer Stunde muss Momo ihren Auftrag erledigt haben und Meister Hora wird wieder aufwachen.

Klassenarbeit

Aufgabe 1

Beschreibe Momos Äußeres (Haare, Kleidung, etc.).

Aufgabe 2

a) In Kapitel zwei erfährst du, was Momos ungewöhnliche Eigenschaft ist.
Beschreibe sie in einem ganzen Satz.

b) Erkläre kurz in eigenen Worten, warum diese Eigenschaft so wichtig für Freundschaften ist.

Aufgabe 3

a) Nenne drei charakteristische Merkmale der grauen Herren.

1.

2.

3.

b) Bilde zwei weitere zusammengesetzte Adjektive mit *grau*.

mausgrau,

Aufgabe 4

Vergleiche Gigi und Beppo zu Beginn des Romans. (Lebensphilosophie, Ziele, Beziehung zu Momo ...)

Aufgabe 5

a) Beschreibe, wie Gigi sich im Laufe des Romans verändert.

b) Als die grauen Herren verschwunden sind, beginnt Gigi endlich wieder, von Herzen Geschichten zu erzählen. Diesmal nimmt er ihre gemeinsame Geschichte – das Abenteuer von Momo – als Grundlage für ein Märchen. Schreibe dieses Märchen von Gigi auf. Nutze das dafür bereitgestellte Papier.

Lösungen zur Klassenarbeit

Aufgabe 1

Momos Äußeres
- wilder, pechschwarzer Lockenkopf
- struppig
- große, schwarze Augen
- schwarze Füße (barfuß)
- Rock aus bunten Flicken
- alte, zu weite Männerjacke

Aufgabe 2

Momos ungewöhnliche Eigenschaft

a) Mit ihrer besonderen Eigenschaft, dem Zuhören, hilft Momo ihren Freunden bei ihren Problemen und Ideen, in ihrer Fantasie und Ruhe.

b) Zuhören ermöglicht Freundschaft, denn es schafft bzw. ermöglicht Verständnis, Akzeptanz, Sicherheit und Respekt. Bewusstes, aktives Zuhören ist die Basis für eine gute Freundschaft.

Aufgabe 3

a) drei charakteristische Merkmale der grauen Herren
1. graue Haut, Kleidung, Stimme, Aktentasche, etc.
2. immer mit Notizbüchlein unterwegs
3. selbstsicher, elegant

b) zwei zusammengesetzte Adjektive mit *grau*

z. B. spinnwebgrau, aschgrau

Aufgabe 4

Vergleich von Gigi und Beppo

Individuelle Lösung, mögliche Inhalte:

Gigi Fremdenführer	**Beppo Straßenkehrer**
• lebt leicht und unbeschwert • freches Mundwerk • lustig, zu Späßen aufgelegt • fantasievoll, erfinderisch • lacht viel • Traum: reich und berühmt zu werden • schlägt sich mit Gelegenheitsarbeiten durch • schwindelt den Touristen bei Führungen etwas vor • will seine Seele nicht verkaufen, aber es zu etwas bringen • nimmt das Leben, wie es kommt • genießt jeden Tag • Träumer und Optimist	• langsam, bedächtig, nachdenklich, ernst • pflichtbewusst, verantwortungsbewusst • wahrheitsliebend, ehrlich • arbeitet gern und gründlich • „nicht ganz richtig im Kopf" – so die Leute • gegen Lügen, selbst kleine „Ungenauigkeiten" • Schritt-für-Schritt denken und vorgehen • gegen Hast und Stress • nicht den großen Berg vor sich sehen, sondern die kleinen Kieselsteine **Beziehung zu Momo:** Beide hängen sehr an ihrer kleinen Freundin.

b) Ein Märchen erzählen
Individuelle Lösung

Erwartungshorizont:
Sind entsprechende Märchenelemente enthalten?
z. B. Vermittlung einer Lehre; Held/Heldin; Kampf gegen Böses; keine genauen Orts- und Zeitangaben; Gegensätze; Zeitsprünge; nichtexistierende Welten und Menschen; sprechende Tiere; Wiederkehr von Handlungsschritten; Wundersames, Zauberhaftes

Wurden Elemente aus der Geschichte aufgegriffen?
z. B. drei Freunde; Stunden-Blume; böse Herren; Zeitnot; Freundschaft; sprechende Tiere; Uhr; etc.

Ausmalbild

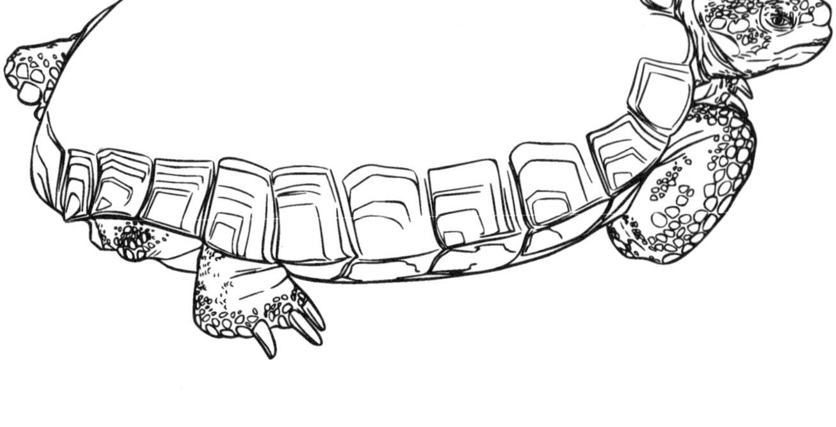